Paris

Reiseführer

Der perfekte Reiseführer für einen unvergesslichen Aufenthalt in Paris inkl. Insider-Tipps und Packliste

Yvonne Blumenberg

✈ INHALT

Paris, eine Stadt voller Leben

EINE STÄDTEREISE DURCH PARIS

Die französische Hauptstadt Paris zählt zu den größten Städten Europas. Ihr eindrucksvolles Stadtbild ist geprägt von der Architektur des 19. Jahrhunderts. Eine Vielzahl von Museen, Bauwerken, Kunst und Kultur laden dazu ein, die Stadt zu erkunden.

Schnell kann man da den Überblick verlieren! Damit Ihnen das nicht passiert, hilft Ihnen dieses Buch dabei, sich zurecht zu finden und Ihren Besuch bestmöglich planen zu können.

Um die Einzigartigkeit von Paris verstehen zu

können, ist es wichtig, auch seine Geschichte zu kennen.

Was weiß man über die Entstehung der Stadt, wo sind ihre geschichtlichen Wurzeln und mit welchen kleinen und großen Katastrophen musste sich Paris herumschlagen, bis sie es zu einer Stadt von weltweitem Ruhm geschafft hat?

Um Ihnen diese Fragen beantworten zu können, gibt dieses Buch einen Überblick über die Geschichte der Stadt. Von ihren Anfängen als keltische Siedlung über die Zeit König Ludwigs XIV, der Französischen Revolution und der Herrschaft Napoleons bis hin zur heutigen Hauptstadt Frankreichs, erleben Sie eine spannende Reise durch die Zeit.

Für viele Menschen ist Paris die schönste Stadt der Welt. Zumindest hat sie unbestreitbar sehr viel zu bieten.

In diesem Buch stellen sich die bekanntesten und beliebtesten Sehenswürdigkeiten dieser Stadt genauer vor.

Wozu wurde der Eiffelturm erbaut, welche Kunstwerke gibt es außer der Mona-Lisa noch im Louvre zu bestaunen, wie kommt ein ägyptischer Obelisk nach Paris? Auf all diese Fragen finden Sie hier in diesem Buch eine Antwort. Sie erfahren geschichtliche Eckdaten, die besten Möglichkeiten, die Sehenswürdigkeiten schnell und unkompliziert erreichen zu können, wie viel Geld Sie für den Eintritt einplanen müssen und zu welchen Zeiten die entsprechenden Locations geöffnet haben.

Den Franzosen, speziell den Parisern, eilt ein bestimmter Ruf voraus. In einem kurzen Kapitel geht das Buch auf die typischen Pariser Eigenschaften und Sitten ein und hilft Ihnen so, sich in der fremden Kultur wohlzufühlen.

Paris ist groß und gerade beim ersten Besuch kann es schwerfallen, sich zurecht zu finden. Damit Sie bei der Auswahl Ihrer Unterkunft keine Überraschung erleben, finden Sie hier hilfreiche Tipps für die Übernachtungen in der Stadt der Liebe.

In der französischen Kultur spielt Essen eine wichtige Rolle, so dass Sie in Paris unzählige Restaurants und Bistros finden werden. Eine kleine Entscheidungshilfe für die Auswahl des Restaurants bietet dieses Buch, indem es beschreibt, auf was Sie achten sollten, um ein typisch französisches Essen genießen zu können.

In Paris gibt es eigentlich an jeder Ecke etwas zu

entdecken, aber was ist wirklich lohnenswert, was ist vielleicht sogar ein Geheimtipp? Auch abseits des großen Touristentrubels finden Sie in Paris Ecken, die durchaus einen Besuch wert sind und Ihnen noch einmal einen ganz anderen Eindruck von der turbulenten Stadt vermitteln werden. Bei einem Besuch in einem der ruhigen Parks können Sie die bisher gewonnen Eindrücke auf sich wirken lassen und bei einem Blick auf die Seine neue Kräfte schöpfen, um sich wieder den großen Sehenswürdigkeiten widmen zu können.

Viele Wege führen nach Paris! Um den für Sie geeigneten zu finden, gibt das Buch einen Überblick über die Vor- und Nachteile der verschiedenen Anreisemöglichkeiten.

Natürlich ist es auch wichtig, sich mit den Kosten für einen Aufenthalt in Paris zu beschäftigen. Damit Sie Ihre Unkosten sinnvoll planen können, weist dieses Buch noch einmal daraufhin, was Sie alles bedenken müssen, bevor Sie den Zauber der Stadt in vollen Zügen genießen können.

Bereits jetzt kann ich Ihnen versichern, dass die Zeit in Paris für Sie ein unvergessliches Erlebnis sein wird, von dem Sie noch lange nach der Reise immer wieder gerne erzählen und an das Sie immer wieder mit einer bestimmten Sehnsucht zurückdenken werden.

Y V O N N E   B L U M E N B E R G

Von Lutecia bis Paris

EIN GESCHICHTLICHER EINBLICK IN DIE ENTWICKLUNG DER STADT

Die Geschichte Paris lässt sich weit zurück-
verfolgen. Schon 4200 v. Chr. gab es bereits
Siedlungen im heutigen Paris, wie archäo-
logische Funde beweisen.

Die Region war von einem keltischen Stamm mit
dem Namen Parisii besiedelt, die ihren Ort Lutecia
nannten. Sie verbanden die Seine-Insel durch zwei
Brücken mit dem Nord- und Südufer.

Die Römer eroberten um 52 v.Chr. das Gebiet
und nannten die Stadt Lutecia von nun an "Civitas

Parisiorum", was so viel bedeutet, wie "Stadt der Parisii". Noch heute sind mehrerer Spuren aus dieser Zeit erhalten, die der Öffentlichkeit zugänglich sind. Die Arenen und die Thermen am Boulevard Saint Michel können besichtigt werden.

Paris findet Erwähnung in einer Schrift von Julius Caesar von 57 v. Chr.

Bis zum Zusammenbruch des römischen Reiches 40 n. Chr. war Paris nur eine Besatzungsstadt mit geringer Besiedelung, in der es Bäder, Paläste und ein Amphitheater gab.

486, mit dem Sieg der Merowinger über die römischen Legionen unter König Chlodwig, endete im nördlichen Gallien und in Paris die Herrschaft der Römer.

Erstmals nahm Paris eine bedeutende Rolle ein, als der fränkische König Chlodwig es 580 n. Chr. zur Hauptstadt des Landes machte. Bei einem Brand nur sechs Jahre später, nämlich 586, wurden fast alle Gebäude der Stadt zerstört. Trotzdem blieb Paris Hauptstadt des Frankenreiches bis Karl der Große Aachen zur neuen Hauptstadt erklärte. Diese Veränderung hatte großen Einfluss auf die Bedeutung Paris. Ab dem achten Jahrhundert verlor die Stadt deutlich an Einfluss und Ansehen.

Erst nach der Wahl Hugo Capets im Jahre 987 wurde Paris wieder zur Hauptstadt ernannt.

Für weiter 500 Jahre herrschten die Karolinger weiter in diesem Gebiet.

Im Mittelalter erlebte die Hauptstadt des fränkischen Reiches zahlreiche Eroberungen, Katastrophen und Zerstörungen.

Im zwölften Jahrhundert begann schließlich die Blütezeit der Stadt. Der wirtschaftliche Aufschwung lässt sich hauptsächlich auf die Guilde zurückführen. Diese Händler förderten den Austausch von Waren maßgeblich. Es wurden Markthallen erbaut und Paris bekam seine erste Stadtmauer.

Auch die bis heute berühmte Kathedrale Notre-Dame wurde zu dieser Zeit erbaut.

Zu einem intellektuellen Zentrum wurde das linke Seineufer 1257 mit der Gründung der Universität Paris und der Sorbonne.

Eine der wohl bedeutendsten Personen der Pariser Geschichte ist zweifellos Ludwig XIV. Der sogenannte Sonnenkönig wurde schon als Kind zum König des Landes. Sein Vater stirbt als er fünf Jahre alt ist und so wird er, als ältester Sohn, zum König ernannt. Auf Grund seines Alters übernimmt seine Mutter die Regentschaft, doch tatsächlich führt Kardinal Mazarin die Regierungsgeschäfte. Er ist ein nie zum Priester geweihter Italiener, der dennoch zum päpstlichen Offizier und Gesandter am Pariser Hof berufen wurde. Kardinal Mazarin erlangte schließlich sogar die Kardinalswürde und übernahm die Erziehung Ludwigs XIV.

Als der Kardinal 1661 stirbt ist Ludwig 22 Jahre alt. Von nun an übernimmt Ludwig die Regierung und trifft alle Entscheidungen selbst.

Obwohl er ein großes Heer an Beratern hat, weichen seine Entscheidungen häufig von deren Ratschlägen ab.

Ludwig sieht sich als hochwertiger an, als andere Menschen. Er ist überzeugt davon, dass es der Wille Gottes ist, dass er König ist. Den Staat betrachtet er als persönlichen Besitz, über den er alleine alle Macht hat.

Seinem Wappenbild der Sonne entsprechend, sieht er sich als Zentrum des Staates.

Die Sonne als Wappenbild bringt ihm auch den Beinamen "Sonnenkönig" ein.

Baulichen Ausdruck findet Ludwigs absoluter

Herrschaftsanspruch im Schloss Versailles. Von hier aus regiert er sein Volk. Versailles ist ein absoluter Prunkbau. Mit ungefähr 10.000 Einwohnern und 700 Zimmern alleine im Hauptgebäude ist es das größte Schloss Europas.

Aber nicht nur durch seinen Personenkult macht Ludwig von sich reden. Unter seiner Herrschaft wandelt sich Frankreich von einer Landwirtschaftsgesellschaft zu einer Industriegesellschaft.

Durch die Einführung der Arbeitsteilung kann in größeren Mengen produziert werden und somit der Gewinn erhöht werden.

Die erwirtschafteten Gewinne kommen aber nicht dem Volk zugute, sie fließen in die Kriegsführung und in die Unterhaltung des Schlosses Versailles.

Die Kriegsführung spielt eine besondere Rolle während Ludwigs Amtszeit. Durch ständige Kriege versucht er seinen Ruhm und seine Macht noch weiter auszubauen.

Die Ausgaben für all die Kriege und seine Prachtbauten ruinieren schließlich das ganze Land. Zum Ende der Amtszeit Ludwigs geht es dem Volk so schlecht, wie nie zuvor.

Durch seine Regierung waren die Ressourcen Frankreichs ausgeschöpft. Als er 1715 starb, hinterließ er seinem Nachfolger, Louis XV, ein völlig überschuldetes Land.

Dennoch setzte er wie kein anderer Herrscher vor ihm wirtschaftlich, kulturell und politisch neue Maßstäbe. Er förderte Künste, Wirtschaft und Wissenschaft. Unteranderem ließ Ludwig Krankenhäuser bauen, die Wasserversorgung modernisieren und Straßenbeleuchtung anbringen.

Sein Schloss Versailles ist eines der prachtvollsten Regierungssitze und zeugt noch heute von Ludwigs ausschweifenden Lebenswandel.

Sein Ende fand der Absolutismus, den Ludwig XIV vertreten hat, mit dem Sturm auf die Bastille, einem berüchtigten Staatsgefängnis, und der damit beginnenden Französischen Revolution 1789.

In Frankreich regiert der König noch immer mit absoluter Macht, Missernten und hohe Steuern haben einen großen Teil der Bevölkerung in die Armut getrieben, während der Adel immer noch im Überfluss lebt. Der Unmut über diese Zustände gipfelte schließlich in dem Sturm auf die Bastille.

Am 14.Juli 1789 umlagerten und stürmten die

Menschen die Bastille, die als Symbol der Unterdrückung galt. Die dort inhaftierten sollten befreit werden.

Dieses Ereignis hatte Auswirkungen für ganz Europa und gilt als Wendepunkt der königlichen Macht.

In Paris kam es zu einer Volksbewaffnung, die sich Nationalgarde nannte, und zu weiteren strukturellen Veränderungen.

Die königlichen Truppen werden zurückgezogen, der Gouverneur von Paris wird abgesetzt und durch einen Generalrat ersetzt, auf dem Land und in der Unterschicht führt die Angst vor den Folgen dieser Entwicklungen zu weiteren Aufständen.

Überall kommt es zu bewaffneten Unruhen. Kirchen und Schlösser werden in Brand gesetzt.

Die Französische Revolution hat begonnen.

In der europäischen Geschichte gilt die Französische Revolution bis heute als ein entscheidender politisch-sozialer Wendepunkt. Sie schaffte die absolutistische Herrschaft und die Vorrechte von Kirche und Adel ab und an ihrer Stelle wurde der bürgerliche Staat gesetzt.

Am 26.08.1789 werden die Menschen- und

Bürgerrechte verabschiedet und nur zwei Jahre später wird die erste französische Verfassung durch die Nationalversammlung verabschiedet.

1792 wurde schließlich die Monarchie abgeschafft. Der Nationalkonvent, die erste französische Versammlung, die durch ein Wahlrecht ohne Klassenunterschiede gewählt wurde, trat erstmals zusammen und erklärte die Abschaffung der Monarchie und die Errichtung einer unteilbaren Republik.

Die Gewaltenteilung wurde aufgehoben und eine neue Zeitrechnung eingeführt.

König XVI war ein Gefangener der Revolutionäre. Er hatte heimlich mit absolutistischen Herrschern anderer Länder per Brief kommuniziert und gehofft, so die Revolution zum Scheitern zu bringen.

Der Nationalkonvent bildete das Gericht, vor dem er als normaler Bürger wegen Hochverrats angeklagt wurde.

Seine Hinrichtung wurde vor allem von den Jakobinern befürwortet und so wurde er schließlich zum Tode verurteilt.

Die Folgen waren Hungersnöte und Versorgungsengpässe. Wieder stiegen die Brotpreise vor allem auf dem Land enorm an. Obwohl die

Girondisten die Missstände durch eine Festlegung der Preise für Grundnahrungsmittel hätten beseitigen können, lehnten sie dies ab. Sie setzten auf die Freiheit des Handels und handelten somit sehr einseitig im Interesse des besitzenden Bürgertums.

Erneute Unruhen, diesmal ausgehend von den Pariser Kleinbürgern und Arbeitern, sollten zur wahren Herrschaft des Volkes führen. Unterstützt wurden sie von den Jakobinern, die die politische Linke vertraten. Zusammen erreichten sie schließlich die Festlegung eines Höchstpreises für Mehl und Korn.

1793 hatten die Girondisten ihren Einfluss verloren und die Jakobiner übernahmen die Herrschaft.

Die Herrschaft der Jakobiner war geprägt von Gewalt und Terror. Die verbleibenden Mitglieder des Nationalkonvents haben sich gefügig verhalten, so dass sie jetzt dafür sorgen konnten, dass die erneute Revolution gesichert war.

Die Gewaltherrschaft der Jakobiner endete 1794, mit der Verhaftung, Verurteilung und Hinrichtung der bisherigen Machthaber.

Nach weiteren innenpolitischen Unruhen und aus Angst vor einer royalistischen Wende und dem damit verbundenen Ende der Errungenschaften der Revolution, entschlossen sich drei der fünf Direktoren zum Staatsreich.

Im September 1797 wurde Paris durch die Unterstützung der Truppen von Napoleon Bonaparte besetzt.

Nach weiteren Versuchen einen Staatsstreich durchzuführen gelangte Napoleon 1799 zur Macht und präsentierte bereits im Dezember des gleichen Jahres eine neue Verfassung.

Napoleon versöhnte sich mit der katholischen Kirche, entschädigte geflohene Adlige und Geistliche, die ihren Besitz verloren hatten und sprach denen, die ihren Besitz im Zuge der Revolution erhalten hatten zu, dass sie diesen behalten durften.

So schaffte er es, den sozialen Frieden wiederherzustellen und zu erhalten.

1804 wurden mit dem Code civil, dem Bürgerlichen Gesetzbuch, konkrete rechtliche Grundlagen verkündet.

Für alle Franzosen wurde die Staatsbürgerliche Gleichheit als Rechtsgrundlage festgelegt.

Volksentscheide zu ausgewählten wichtigen Fragen traten an die Stelle von regelmäßigen

Wahlen.

Durch einen solches Volksentscheid gelang es Napoleon im Dezember 1804 zum Kaiser von Frankreich gekrönt zu werden. Seine Krönung fand in der Kathedrale zu Norte- Dame statt.

Seine Krönung wird häufig als "Selbstkrönung" beschrieben, denn anders als die Kaiser des Mittelalters oder der Frühen Neuzeit, setzte er sich selbst die Krone auf. Dies symbolisierte, dass er sich nicht mehr als Kaiser von "Gottes Gnaden" verstand, sondern als Kaiser des Volkes.

Napoleon veränderte die Situation innerhalb der Stadt. Er wollte aus Paris eine funktionsfähigere und gesündere Stadt machen.

Durch die vielen Jahre der Unruhen und Auseinandersetzungen war Paris in einem schlechten Zustand. Es herrschte bauliches Chaos und die sanitären Verhältnisse waren katastrophal.

Viele Bauten waren ohnehin beschädigt oder zerstört, so dass Napoleon sie abtragen lies, ohne dass es zu großem Unmut führte.

Napoleon wollte Ordnung für die Stadt und so führte er Regeln ein, verbesserte die Wasserversorgung, ließ Abwassersysteme bauen und sorgte durch neue Kanäle dafür, dass die Stadt mit Trinkwasser versorgt wurde und ihr Wasser nicht mehr aus der Seine beziehen musste.

Die Häuser nummerierte er logisch durch und führte damit die erste Hausnummerierung ein.

Er hatte erkannt, wie wichtig eine gute Versorgung der Menschen mit Essen war, damit es nicht wieder zu neuen Unruhen kommen konnte. Aus diesem Grund ließ er Markthallen und Schlachthallen erbauen.

Doch nicht nur innerhalb von Paris herrschte Napoleon mit großer Macht und prägte die Strukturen Frankreichs bis heute. Außenpolitisch erlangte er, mit der Unterstützung durch die Armee, zeitweise die Herrschaft über große Teile Kontinentaleuropas. Napoleon setzte Mitglieder seiner Familie und Vertraute als Monarchen in vielen weiteren Staaten ein, was seinen Einfluss festigte.

Erst 1812 wurde seine große Macht durch den gescheiterten Russlandfeldzug erschüttert. Das Scheitern des Feldzuges gegen Russland führte zu Befreiungskriegen und am Ende zum Sturz Napoleons.

1814 wurde Napoleon zur Abdankung

gezwungen und musste ins Exil auf die Insel Elba. Damit endete seine Herrschaft und in Frankreich wurde die Monarchie wiederhergestellt.

Die Epoche der Wiederherstellung der Bourbonenmonarchie bezeichnet man als Restauration.

Allerdings gab es während der Restauration eine Unterbrechung. Napoleon gelang es, aus seinem Exil zurück nach Paris zukommen und erneut die Macht zu ergreifen. Unterstützt wurde er von der Armee und durch Kräfte, die mit der restaurierten Monarchie unzufrieden waren.

Napoleon versuchte in der Folgezeit sich wieder als anerkannter Herrscher zu etablieren, indem er eine neue liberale Verfassung erarbeiten ließ, die Zensur abschaffte und die Pressefreiheit einführte.

Bei den Wahlen zur Repräsentantenkammer zeigte sich, wie gering die Unterstützung für ihn tatsächlich war. Die innenpolitische Opposition nahm, vor allem nach dem Wiederaufkeimen des Krieges, zu. Napoleon berief wieder die Armee ein, was ihm viel Sympathie kostete. Mit der Aussicht auf einen neuen Krieg, trat die bürgerlich-liberale Opposition stärker hervor.

Obwohl Napoleon außenpolitisch den

europäischen Staaten zusicherte, den Frieden von Paris einzuhalten und die Grenzen von 1792 nicht zu überschreiten, waren die Alliierten nicht bereit, die neue Herrschaft Napoleons zu akzeptieren.

So überquerte Napoleon im Juni 1815 die französische Grenze zu den südlichen Niederlanden. Zunächst war dieser Feldzug erfolgreich und er konnte die Preußen schlagen, wenn auch nicht vernichten.

Doch dann kam es zur Schlacht bei Waterloo, in der Napoleon von britischen und preußischen Truppen vernichtend geschlagen wurde.

Zurück in Paris fehlte ihm nun jegliche Unterstützung und er wurde aufgefordert, zurückzutreten.

Unter diesen Umständen blieb Napoleon nichts anders übrig, als abzudanken und Frankreich zu verlassen. Von der britischen Regierung wurde er auf die Insel St. Helena verbracht, wo er bis zu seinem Tod im Jahr 1821 lebte.

Die Frage nach einem neuen Machthaber in Frankreich wurde von den Alliierten beantwortet. Sie setzten erneut König Ludwig XVIII als Herrscher ein.

Ihm folgte Karl X. Die monarchische Herrschaft

war despotisch und von Unzufriedenheit geprägt.

Als Karl X 1830 schließlich das Parlament auflöste, reagierten die liberale Opposition mit dem Aufruf zum Widerstand gegen das Regime.

In der Folge wurde Frankreich wieder zur Republik.

1871 wurde Paris durch deutsche Truppen eingenommen und damit die politische Ordnung der Stadt zerstört.

Aus Arbeitern, Handwerkern und Kleinbürgern bildete sich die Pariser Kommune, die der provisorischen Regierung gegenüberstand.

Die politische Lage beruhigte sich allmählich und Paris konnte sich zu einer Stadt entwickeln, die von großer Bedeutung für die Kunst war.

Zwischen 1871 und 1914 erlebte Paris eine erneute Blütezeit, die "Belle Époque."

Nach der Wirtschaftskrise von 1871 erholte sich Paris langsam von deren Folgen. Es war eine Zeit des Optimismus, wirtschaftlichen Aufschwungs und regionalen Friedens.

Die technische Entwicklung schritt voran und in Paris wurde die erste U-Bahn gebaut, die bis heute zu den wichtigsten Transportmitteln der Stadt zählt.

Die Kunst gewann immer größere Bedeutung, so gilt Paris z.B. als Geburtsort des Surrealismus und des Dadaismus.

Es wird gebaut, die Pariser Oper wird fertigstellt und es beginnt der Bau der Basilika Sacre-Cœur.

Ebenfalls zu dieser Zeit, nämlich zwischen 1887 und 1889 wurde das Pariser Wahrzeichen, der Eifelturm, erbaut.

Ursprünglich war er als Eingangsportal und Aussichtsturm für die Weltausstellung gedacht, die an den 100. Jahrestag der Französischen Revolution erinnern sollte.

Bis 1930 galt der Eifelturm als höchstes Bauwerk der Welt.

Noch heute wird das Pariser Stadtbild von ihm geprägt.

Zwischen den beiden Weltkriegen hielten sich Künstler wie Hemingway, Dali oder Picasso in Paris auf, was dazu führte, dass die Stadt berühmt wurde für ihr kulturelles Leben.

Doch auch das Pariser Nachtleben gewann immer mehr an Bedeutung.

Im zweiten Weltkrieg erlitt Paris schwere Beschädigungen, von denen sich die Stadt nur langsam, aber stetig erholte.

Durch den Zuzug vieler Immigranten entwickelte sich die multikulturelle Stadt, die wir noch heute kennen.

Heute leben in der pulsierenden Stadt circa. 2,2 Mio. Menschen auf einer Fläche von 105,4 Quadratkilometern.

Damit ist Paris mit circa. 21.000 Einwohnern pro Quadratkilometer die am dichtesten besiedelte Großstadt Europas und die fünft größte Stadt der Europäischen Union.

Jeder fünfte Franzose lebt in Paris.

Eine weitere Besonderheit ist der Aufbau der Stadt.

Paris besteht aus 20 Stadtbezirken, den Arrondissements. Die Nummerierung dieser Bezirke wurde in einer Spiralenform durchgeführt, was dazu führte, dass die Bewohner sie "l'éscargot" (die Schnecke) nennen.

Der historische Stadtkern liegt in der Mitte dieser Schnecke, dem ersten Arrondissement. Ebenfalls in diesem Bezirk liegen die meisten der bekannten Plätze, wie z.B. die Palastkirche Sainte-Chapelle oder der Louvre.

Schon in diesem kurzen Überblick wird deutlich, dass Paris eine sehr bewegte und spannende Vergangenheit hat, von der man an jeder Ecke Zeuge werden kann.

Typisch Paris(er)

Über seine Grenzen hinaus wird den Parisern nachgesagt, sie seien unnahbar, unhöflich und arrogant. Selbst im eigenen Land herrschen diese Vorurteile gegen die Bewohner der Hauptstadt.

Der Kontakt soll besonders schwerfallen, wenn der Besucher kein Französisch spricht, denn der Pariser besteht gerne auf seine Muttersprache.

Dies stimmt aber erfahrungsgemäß nur bedingt, denn, zeigt man zumindest sein Bemühen, wird man in den meisten Fällen freundlich und höflich behandelt, denn so distanziert die Pariser Fremden gegenüber auch sind, sie legen viel Wert auf Höflichkeit.

Werte wie Toleranz, Freiheit und Freude sind für alle Franzosen von großer Bedeutung.

Als typisch französisch gilt die Begrüßung durch zwei bis drei Küsschen auf die Wangen. Diese Form der Begrüßung findet allerdings nur unter Leuten statt, die sich gut kennen.

Über den Straßenverkehr in Frankreich, speziell in Paris, hat sicher jeder schon etwas gehört.

Das typisch französische Chaos auf den Straßen von Paris findet tatsächlich so statt.

An einem Zebrastreifen halten die Autos nicht einfach so, erst, wenn man sie durch ein Handzeichen dazu auffordert, besteht die Chance, die Straße unbeschadet überqueren zu können.

Das Auto an sich besitzt bei weitem nicht so einen hohen Stellenwert, wie beispielsweise in Deutschland. Kratzer oder Beulen gehören quasi dazu. Beim Einparken wird oft mehr auf das Gehör geachtet als auf die Sicht. Stoßstangenberührungen sind etwas völlig Normales und kein Grund zur Aufregung.

Während des Fahrens geht es allerdings nicht so

entspannt zu. Es wird häufig und gerne gehupt. Die Hupe gehört zu den wichtigsten Kommunikationsmitteln im Straßenverkehr.

Auf Pünktlichkeit wird im Allgemeinen auch nicht so viel Wert gelegt. Wer mit einem Pariser verabredet ist, kann ganz getrost mindestens zehn Minuten zu spät erscheinen. Dies ist keinesfalls ein Zeichen von Desinteresse oder Unhöflichkeit, es ist einfach "typisch französisch".

Frankreich gilt als Land des Genusses und der besonderen Essenskultur. Die kulinarischen Spezialitäten in Paris sind eine Mischung aus allen Regionen Frankreichs und doch gibt es auch hier Dinge, die als typisch für Paris gelten.

Dazu gehört die Café-Kultur, die bereits eine lange Geschichte hat. Die Cafés waren der Treffpunkt für Intellektuelle und der Ort, an dem philosophische Diskussionen geführt wurden. Noch heute werden in den Cafés vor allem zur Mittagszeit Gespräche geführt oder die Zeitung ausgiebig studiert.

Kaffee zählt als geistiges Stimmulationsmittel und so ist es nicht verwunderlich, dass man in Paris so gut wie an jeder Straßenecke ein Café findet. Das Angebot reicht von einem schlichten "Café noir" bis hin zu Kaffee, der mit Likör verfeinert wird.

Sehenswürdigkeiten

DER EIFELTURM

Denkt man an Paris, kommt einem als erstes der Eifelturm in den Sinn.

Kein Wunder, denn seit 1889 dominiert er das Stadtbild von Paris und steht an vierter Stelle der meist besuchten Orte in Paris. Circa sieben Millionen Menschen besuchen den Eifelturm jährlich.

Eigentlich sollte er nur 20 Jahre lang stehen bleiben, was vielen Parisern sehr recht war, denn sie fanden ihn unnütz und hässlich.

Tatsächlich entwickelte sich der 324 Meter hohe Turm zu einem Touristenmagnet. Auf drei Etagen gibt es unterschiedliche Dinge zu entdecken. Auf der ersten Etage kann man von einem betretbaren Glasboden aus in die Tiefe blicken. Zweifellos ein Highlight und etwas für die ganz Mutigen. Informationen zur Entstehung des Eifelturms findet man hier auf Anzeigetafeln.

Außerdem befinden sich hier ein Restaurant und Souvenir-Shops.

Auf der zweiten Etage sind ebenfalls ein Restaurant und weitere Souvenir-Shops. Zu den alten Aufzügen sind hier Informationstafeln aufgestellt.

Zweifellos den beeindruckendsten Ausblick auf ganz Paris hat man schließlich von der dritten Etage aus, auf der es einen Außen- und einen Innenbereich gibt.

Bis zur zweiten Etage kann man den Eifelturm auf einer Treppe erklimmen. Dazu gehört nicht nur eine gute Kondition, man sollte auch schwindelfrei sein. Wer ganz nach oben möchte, der muss für das letzte Stück den Aufzug benutzen.

Besuchen kann man den Eifelturm das ganze Jahr über, sogar an Sonn- und Feiertagen. Die Öffnungszeiten passen sich lediglich den Jahreszeiten an.

Über die offizielle Website des Eifelturms kann man Tickets für den Aufstieg mit dem Aufzug buchen.

Tickets für die Treppe können nur vor Ort gekauft werden.

Eine perfekte Zeit, um den Eifelturm ohne längere Wartezeit erklimmen zu können gibt es nicht. Im Schnitt beträgt die Wartezeit circa eineinhalb bis zwei Stunden.

Die Eintrittspreise variieren je nach Etage und ob man die Treppe oder den Aufzug benutzen möchte.

Das günstigste Ticket führt über die Treppe bis zur zweiten Etage. Das teuerste Ticket beinhaltet den Aufzug bis zur dritten Etage.

Je nachdem für was man sich entscheidet, sollte man zwischen zehn und 25 Euro pro Erwachsenen einplanen.

Ein besonderes Highlight findet zudem jede volle Stunde statt. Dann wird der Turm für fünf Minuten von 10.000 Scheinwerfern beleuchtet.

Ein unvergesslicher Anblick, vor allem bei Dunkelheit.

DER LOUVRE

Wer künstlerisch und geschichtlich interessiert ist, sollte unbedingt das größte Museum von Paris besuchen.

Der Louvre, der ehemalige königliche Palast, birgt Schätze der westlichen Kunst vom Mittelalter bis 1848. Ausgestellt werden Werke von griechischen, ägyptischen, antiken und römischen Zivilisationen, so wie islamische Kunst.

Zu den bekanntesten und berühmtesten Ausstellungsstücken gehören die Mona-Lisa und die Venus von Milo.

Ca. 35.000 Werke haben im Louvre ihr Zuhause.

Die große Glaspyramide ist der Haupteingang zu diesem beeindruckenden Museum. Aufgeteilt ist der Louvre in drei Flügel, die alle mehrere Etagen haben und nach Themen aufgeteilt sind.

Alle Flügel sind auf jedem Stockwerk miteinander verbunden, so dass ein Wechseln des Themengebietes jederzeit leicht möglich ist.

Neben Kunst und Kultur findet man im Louvre auch etwas für das leibliche Wohl, oder eine Rast nach dem Kunstgenuss.

Insgesamt gibt es sechs Cafés und Restaurants.

Über den unterirdischen Eingang, die Galerie du Carrusel, gelangt man in ein kleines Einkaufszentrum.

Mit einer täglichen Besucherzahl von ca. 25.000 Menschen zählt der Louvre eindeutig zu den beliebtesten Sehenswürdigkeiten, die Paris zu bieten hat. Dementsprechend sollte man eine Wartezeit von ein bis zwei Stunden für den Eintritt einkalkulieren.

Am sinnvollsten ist es, die Tickets bereits im Vorfeld online zu buchen, damit entfällt die lange Wartezeit und man kann direkt durch den Eingangsbereich in die Ausstellung gehen.

Führungen durch den Louvre gibt es nur auf Englisch und Französisch. Einen Audioguide gibt es aber auf Deutsch. Er ist auf jeden Fall zu empfehlen.

Bei dem allererersten Besuch im Louvre sollte man sich für die Tour "Meisterwerke" aus dem großen Angebot des Audioguides entscheiden. Auf dieser Tour wird man nicht nur zu den bekanntesten Ausstellungsstücken geführt, sondern man bekommt auch einen Blick auf die schönsten Palastecken.

Der Louvre ist bis auf dienstags von neun bis 18 Uhr geöffnet. Mittwoch und Freitag sind die langen

Museumstage, an diesen Tagen hat das Museum bis 21.45 Uhrgeöffnet. Dienstags ist Ruhetag.

Jeden ersten Samstag im Monat ist der Eintritt von 18 bis 21.45Uhr kostenlos. An diesen Samstagen finden immer besondere Veranstaltungen statt.

Die Eintrittspreise variieren zwischen 13€ und 17 €, je nachdem welche Ausstellung man besuchen möchte.

Der Audioguide ist für zusätzliche 5 € erhältlich.

SACRE- CŒUR

Das Viertel Montmartre ist ein ganz besonderer Ort. Die weithin sichtbare Basilika Saure-Cœur ist das Wahrzeichen dieses Viertels Die römische-katholische Wallfahrtskirche steht auf dem 130 Meter hohen Montmartre-Hügel.

Erbaut wurde sie im romanischen byzantinischen Stil. Fertiggestellt wurde die Basilika, die im "Zuckerbäckerstil" gebaut wurde, 1914. 1919 wurde Sacre-Cœur geweiht.

Im gewölbten Turm befindet sich eine der schwersten Glocken der Welt. Die "Savoyarde" wiegt 19 Tonnen und hat einem Durchmesser von drei

Metern.

Im Inneren kann man das "mosaique du Christ en gloire" an der Decke bewundern. Es misst 475 Quadratmeter und ist damit das größte Mosaik der Welt

Auf diesem Mosaik ist Jesus in weißer Kleidung und mit ausgebreiteten Armen und einem goldenen Herz mit Dornenkrone zu sehen.

Aber nicht nur die Kirche an sich ist ein echtes Highlight, der vor der Basilika befindliche Platz und die Stufen bieten eine unvergessliche Aussicht über Paris. Vor allem in den warmen Monaten ist dieser Ort ein sehr beliebter Treffpunkt, nicht nur für Besucher der Stadt.

Wem dieser Ausblick noch nicht ausreicht, der kann noch einen höheren Aussichtspunkt wählen, in dem er die 300 Stufen hinauf geht. Diese Stufen führen auf die 55 Meter hohe Kuppel der Basilika. Von hieraus hat man einen perfekten Rundblick über die Stadt und ihre Umgebung.

Die Besichtigung der Basilika ist kostenlos. Lediglich der Besuch der Türme kostet für Erwachsene 6 €, für Kinder 4 €. Die Eintrittspreise für die Krypta liegen bei 3 € für Erwachsene und 2 € für Kinder.

Auch eine Kombination von Türmen und Krypta ist möglich. Dieses Kombiticket kostet 8€ für Erwachsene und 5 € für Kinder.

Generell ist der Zutritt zur Kirche an 365 Tagen im Jahr möglich. Von Mai bis September kann man täglich von 8.30 Uhr bis 20 Uhr, und von Oktober bis April von 9 Uhr bis 17 Uhr den Ausblick von der Kuppel aus genießen.

Es finden täglich um 7 Uhr, 11.15 Uhr, 18.30 Uhr und 22 Uhr Messen statt. Samstags und sonntags weichen die Zeiten der Messen ein wenig ab.

DIE KATAKOMBEN VON PARIS

Ein Erlebnis der besonderen Art ist ein Ausflug in die Katakomben von Paris. Rund 20 Meter unter der Pariser Erde erstreckt sich in stillgelegten Steinbruchstollen ein Labyrinth.

2000 Jahre lang wurde hier Kalkstein abgebaut, der für den Bau von Häusern verwendet wurde. Über 300 Kilometer Tunnel entstanden so im Laufe der Jahre unter Paris.

Im 18. Jahrhundert kam es zu ersten Hauseinstürzen, da dem Untergrund an so vielen Stellen die

Stabilität fehlte. Daraufhin wurde der Großteil der Katakomben geschlossen.

Etwa zeitgleich kam es in Paris zu schlimmen Hungersnöten und Ausbrüchen von Seuchen. Es starben so viele Menschen, dass die Friedhöfe bald so überfüllt waren, dass Gräber doppelt und dreifach belegt werden mussten. Trotzdem war es noch immer nicht möglich, alle Menschen zu bestatten und so kam es zu unaushaltbaren Zuständen.

Man sagt, dass der Verwesungsgeruch in friedhofsnähe so stark war, dass Menschen, die dort lebten in Ohnmacht fielen.

Um aus dieser Not herauszukommen, beschloss man, die Toten in die stillgelegten Stollen unter Paris zu überführen. Knapp sechs Millionen Menschen wurden in den Stollen beigesetzt. Daraus entstand das Beinhaus, welches man heute besuchen kann.

Die Katakomben waren nicht immer für Besucher zugänglich. Am Anfang erfüllten die Katakomben einfach nur ihren praktischen Zweck, nämlich die Ablagerung der Gebeine. So waren diese auch nicht ordentlich abgelegt, sondern eher zufällig angeordnet.

In der Zeit zwischen 1810 und 1814 ändert sich dies

unter dem Einfluss eines Bergbauingenieurs, der die Luftzufuhr innerhalb der Katakomben verbesserte, Stützpfeiler errichtete und die Gebeine dekorativ anordnete. Er fügte verschiedene Aufschriften hinzu und dekorierte Säulen.

So findet man es auch heute noch vor, wenn man die Katakomben besucht.

Um in diese unterirdische Welt zu gelangen, muss man 30 Meter hinuntersteigen. 130 Stufen führen in den ehemaligen Steinbruch, bis man schließlich vor einem Schild mit der Aufschrift "Stopp! Hier ist das Reich des Todes!" steht.

Links und rechts sind die Knochen von Millionen Menschen sorgfältig aufgestapelt und zu verschiedenen geometrischen Formen und Mustern angeordnet. Die Knochen reichen bis hoch zur Decke. An einigen Stellen kann man über die Stapel hinüberschauen und auch noch dahinter befinden sich Knochen über Knochen.

Auf dem circa zwei Kilometer langen Gang durch die Katakomben informieren verschiedene Tafeln darüber, aus welchen Friedhöfen die Knochen stammen. Für den Rundgang benötigt man ungefähr 45-50 Minuten.

Auch wenn die Knochen in unterschiedlichen Formationen angeordnet sind, sieht man nicht viel mehr als diese. So ist es ratsam, den angebotenen Audioguide mitzunehmen, um den Rundgang noch interessanter und informativer zu gestalten.

Die Tour endet nicht an der Stelle, wo sie begonnen hat, doch bevor man den Rückweg zum Ausgangspunkt antritt, empfiehlt sich ein Abstecher in den Souvenir-Shop. Hier gibt es viele Dinge, die sich rund um die Katakomben drehen. Ein ausgefallenes Souvenir einer ausgefallenen Sehenswürdigkeit sollte nicht fehlen.

Vor dem Besuch der Katakomben sollte man sich bewusst darüber sein, dass die Katakomben einer der Sehenswürdigkeiten mit den längsten Wartezeiten sind.

In den alten Steinbrüchen dürfen sich nämlich aus Sicherheitsgründen nicht mehr als 200 Menschen zeitgleich befinden. So kann es zu einer Wartezeit kommen, die zwischen 30 Minuten bis zu zwei Stunden dauern kann.

Die lange Wartezeit kann man umgehen, wenn man sich im Vorfeld ein "ohne Anstehen-Ticket" besorgt.

Führungen durch die Katakomben gibt es nur auf Englisch und Französisch, der bereits erwähnte Audioguide ist hier eine gute Alternative, da er auch auf Deutsch die Geschichte des Steinbruchs erzählt. In dem Ticketpreis für die Tickets ohne Wartezeit ist der Audioguide bereits enthalten. Ansonsten kann man ihn für 5 Euro am Beginn der Tour ausleihen.

Der Eintrittspreis beträgt 13 Euro für Erwachsene im Normaltarif. Die Tickets ohne Wartezeit kosten um die 30 Euro, enthalten aber bereits den Audioguide.

Von Dienstag bis Sonntag können die Katakomben in der Zeit von 10 Uhr bis 20.30Uhr besucht werden. Die Kassen schließen aber bereits um 19.30Uhr.

Montags und an bestimmten Feiertagen ist der Steinbruch nicht zugänglich.

Erreichen kann man den Eingang mit der Metro oder den RER-Linien 4, 6 und B bis zur Station Denfert-Rochereau. Der Katakombenausgang ist, wie bereits erwähnt, nicht gleich mit dem Eingang, um wieder zurück zur Metrostation zu kommen, muss man sich am Ausgang rechts halten und ca. 500 Meter zu Fuß gehen.

PLACE DE LA CONCORD UND DER OBELISK

Nördlich der Seine ist ein wichtiger Knotenpunkt, der Place de la Concorde. Er verbindet die Champs-Elysees und den Tuileriengarten. Der Place de la Concorde ist der größte Platz in Paris und liegt mitten im Zentrum.

Während der Französischen Revolution war dieser Platz von großer Bedeutung.

Ursprünglich wurde der Platz unter Ludwig XV Mitte des 18. Jahrhunderts. als Königsplatz erbaut, doch während der Revolution stand auf diesem Platz die Guillotine, unter der in nur zweieinhalb Jahren ca. 1345 Menschen ihr Leben ließen. Darunter waren sehr bekannte Personen, wie König Ludwig XVI und Marie Antoinette.

Heute sticht dem Besucher sofort ein Obelisk ins Auge.

Dieser Obelisk ist 23 Meter hoch und war 1830 ein Geschenk an Frankreich. Der ägyptischen Vizekönigs Muhammad Ali Pascha schenkte Frankreich dieses Bauwerk.

Der Obelisk ist einer von zweien, die eigentlich beide nach Paris gebracht werden sollten. Sie waren von Ramses II im dritten Jahrhundert. vor Chr. vor dem Temple von Luxor errichtet worden.

Doch schon der Transport des einen Obelisken stellte die Menschen der damaligen Zeit vor erhebliche Schwierigkeiten.

Es wurden 200 Menschen benötigt, um die 230 Tonnen schwere und 23 Meter hohe Säule überhaupt in die Horizontale legen zu können, ohne sie zu beschädigen.

Für den Transport zum Nil, wo ein eigens für den Weitertransport gebautes Boot lag, wurden extra Straßen gebaut und zahlreiche Häuser abgerissen.

Damit waren die Probleme aber noch nicht beseitigt. Das Segelschiff musste sechs Monate auf den Höchststand des Nils warten, bevor es die 750 Kilometer lange Reise nach Alexandria überhaupt antreten konnte.

Eine Choleraepidemie kostete elf Seemännern das Leben, bevor man Alexandria erreichte.

Von Alexandria aus ging es mit einem Dampfboot weiter nach Cherbourg und am 25. Oktober 1836 wurde der Obelisk auf dem Place de la Concord feierlich aufgestellt.

Im Weiteren verzichtete man darauf, auch den zweiten Obelisken von Ägypten nach Paris zu holen. 1988 wurde er offiziell an Ägypten zurückgegeben.

Der Obelisk, der den beschwerlichen Transport aber überstanden hat, ist noch heute auf dem Place de la Concord zu sehen. Das Sonnenlicht verfängt sich in der goldenen Spitze und auf dem Boden rund um den Obelisken sieht man römische Zahlen auf dem Boden.

Seit 1999 dient er als Zeiger der größten Sonnenuhr der Welt.

Vor allem im Sommer und bei schönem Wetter ist der Place de la Concord einen Besuch wert. Auf ihm stehen außer dem Obelisken noch weitere Statuen und Brunnen, an denen es sich herrlich entspannen lässt.

Der Besuch des Place de la Concord und die Besichtigung des Obelisken ist kostenlos und an allen Tagen im Jahr möglich.

Am besten erreicht man den Platz mit den Metrolinien 1, 8 und 12, in dem man bis zur Haltestelle Concord fährt.

Von hier aus kann man auch eine der zahlreichen Angebote für eine Bustour durch Paris nutzen.

JARDIN DES TUILERIES

Westlich vom Place de la Concord erstreckt sich der "Jardin des Tuileries" bis zum Louvre im Osten. Der ca. 25 Hektar große Park gehört zu den meist besuchten Parks in Paris.

In der Mitte des 16. Jahrhunderts entstand der später zerstörte Tuilerienpalast und der Park im Auftrag der französischen Königin Katharina von Medici. Von ihrer italienischen Herkunft geprägt, lies sie den Palast und den Garten im Stil der Renaissance erbauen.

Ludwig XIV ließ den Park unter seiner Regentschaft zu einem Barockgarten umbauen und legte mehrere Wasserbecken, Terrassen und breite Wege an.

Bis zur Französischen Revolution blieb der Garten der Öffentlichkeit unzugänglich, erst mit ihr wurde der Park öffentlich.

Ein kleiner Bereich blieb allerdings für König Ludwig XVI und seine Frau Marie-Antoinette reserviert.

Unter Napoleon war der Park häufig Schauplatz für Siegesparaden oder bestimmte Feierlichkeiten. Die Hochzeitsprozession nach seiner Heirat mit

Louise von Österreich fand z. B. hier statt.

Weitere Herrscher veränderten die Parkanlage immer wieder. Unter Napoleon III entstand eine Orangerie und eine Halle für den Vorläufer des heutigen Tennis.

Heute ist der Park wieder in der Form zu sehen, wie er im 17. Jahrhundert. gestaltet wurde und in den Gebäuden der Orangerie befindet sich ein Kunstmuseum mit Werken des Impressionismus.

Hier kann man unter anderem die Seerosenbilder von Monet bestaunen oder Gemälde von Renoir und Picasso.

Quer durch den ganzen Park verteilt findet man Skulpturen von berühmten Künstlern wie August Rodin oder Alberto Giacometti.

Überall gibt es schöne Stellen, an denen man verweilen kann. Hierzu sind zahlreiche Stühle und Bänke aufgestellt worden.

Wenn man sich am zentralen runden Wasserbecken niederlässt, hat man einen direkten Blick auf den Louvre.

Um sich in dem großen Gebiet zurechtzufinden und möglichst viele Informationen zu erhalten, kann man an einer Führung teilnehmen. Diese Führungen findet von März bis Dezember statt, sind allerdings auf Französisch gehalten.

Von Juni bis August findet ein Jahrmarkt im Park statt. Auf einem 60 Meter hohen Riesenrad kann man einen einmaligen Blick über Paris genießen, sich eine der Zirkusdarbietungen anschauen oder die zahlreichen Stände durchstöbern.

Im Park gibt es in den Sommermonaten auch zwei Cafés, die zu einer Pause einladen.

Der Eintritt zum Jardin des Tuileries ist kostenlos.

Von September bis März ist der Park von 7.30 Uhr bis 19.30 Uhr geöffnet und von April bis August in der Zeit von 7.00 Uhr bis 21 Uhr.

Erreichen kann man den Park mit der Metrolinie 1 bis zur Haltestelle Tuileries oder dem Bus mit den Linien 21, 24, 27, 39, 42, 48, 68, 72, 73, 81, 84, 94 und 95.

MOULIN ROUGE

Seit mehr als 130 Jahren gibt es das Moulin Rouge. Während dieser Zeit hat es viele Phasen der Veränderung durchlaufen und es zu weltweiter Bekanntheit geschafft.

Bis heute ist es eines der wichtigsten Attraktionen in Paris und vor allem des Montmartres. Jährlich besuchen knapp 600.000 Menschen das Cabarets Moulin Rouge.

Seine außergewöhnliche Architektur und Farbgebung macht es zu einem unübersehbaren Wahrzeichen von Paris.

Eröffnet wurde es 1889, in einer Zeit nach Kriegsniederlagen und wirtschaftlicher Depression. Wie in dieser Zeit, der Belle Epoque, versuchen die Franzosen Frankreich neu aufzubauen und die positiven Seiten des Lebens zu genießen. Es entstehen viele Vergnügungsstätten, wie Cafés, Varietés und Cabarets.

Auf Montmartre trifft sich vor allem die mittlere Bourgeoisie, um sich zu amüsieren und zu feiern.

Das Moulin Rouge ist bereits bei seiner Eröffnung ein großer Erfolg. Das kleine Revuetheater überzeugt mit der einmaligen Architektur, einer komplett rot angestrichenen Mühle, und unvergleichlichem Dekor, wie einem im Garten aufgestellten Elefanten.

Eine Windmühle in Paris verwundert auf den ersten Blick, doch die Architektur einer Mühle steht in enger Verbindung mit dem Künstlerviertel Montmartre. Auf dem Berg standen zu früherer Zeit mehrere Windmühlen.

Das Cabaret war das erste Gebäude in Paris, dessen Fassade elektrisch beleuchtet wurde.

Während die Gäste ihre Getränke zu sich nehmen, schauen sie sich die dargebotenen Shows an, oder sie tanzen selber, auf der eigens eingerichteten Tanzfläche.

In dieser Zeit entsteht die berühmte Variante der Quadrille, die bis heute unter dem Namen French Cancan bekannt ist.

Die berühmtesten und besten Tänzerinnen dieser Zeit wurden für die legendären Tänze im Moulin Rouge engagiert.

Nicht nur die Bourgeoisie findet sich im Moulin Rouge ein, schnell wird dieser Ort auch zu einem beliebten Treffpunkt für Maler und Schriftsteller.

Bis heute ist das 1891 bestellte erste

Werbeplakat, "Moulin-Rouge, La Goulue" das berühmteste Bild des Cabarets. Es wurden viele Filme gedreht, in denen das Moulin Rouge im Mittelpunkt stand.

1915 zerstörte ein Brandt das Moulin Rouge, so dass es für sechs Jahre geschlossen bleiben musste und erst 1921, nach dem Ende des Ersten Weltkrieges, wiedereröffnet werden konnte.

Während des zweiten Weltkrieges verliert das Moulin Rouge, durch den Umbau zu einem modernen Tanz- und Nachtclub viel von seinem ehemaligen Glanz.

Erst 1951 erstrahlt das Moulin Rouge wieder in seinem alten Glanz. Georges France ist die treibende Kraft hinter dem erneuten Umbau. Sein Ziel ist es, den ursprünglichen Cabaretcharakter wiederzuerwecken und spektakuläre Shows aufführen zu lassen.

Heute heißen die Vorstellungen Revuen und bestehen aus vielen unterschiedlichen Showeinlagen.

In glitzernden Kostümen treten abendlich bis zu 80 Tänzer und Artisten auf, die die Geschichte des Varietés künstlerisch darbieten.

Neben Tanzvorführungen hat sich das Moulin

Rouge aber auch einen Namen als Music- Hall gemacht. Viele berühmte Sänger hatten hier ihre Auftritte. Zu den wohl bekanntesten zählen sicher Edith Piaf, Ella Fitzgerald und Frank Sinatra.

Das Moulin Rouge ist der weltweit größte Champagnerkunde. 240.000 Flaschen Champagner werden hier jährlich bestellt.

Der Besuch einer der Vorführungen muss im Voraus reserviert werden. Durchschnittlich ist mit zwischen 100 Euro und 400 Euro pro Person zu rechnen, abhängig davon, ob man das Abendessen wählt, oder sich nur die Show ansehen möchte.

Abendlich finden zwei Vorstellungen statt. Die erste Vorstellung beginnt um 19 Uhr und ist kombiniert mit einem zweistündigen Abendessen. Es werden drei Gänge und Champagner serviert.

Die zweite Vorstellung beginnt um 23 Uhr und findet ohne Abendessen statt.

Beides kann im Vorfeld im Internet gebucht werden.

Im Moulin Rouge gibt es einen Dresscode, so ist es unerwünscht in allzu legerer Kleidung zu erscheinen.

Mit der Metrolinie 2 über die Station Blanche

erreicht man das Moulin Rouge, aber auch mit den Buslinien 30, 54, 68 und 74.

NOTRE- DAME

Obwohl die römisch- katholische Kirche Notre-Dame zurzeit wegen eines großen Brandes nicht zu besuchen ist, soll sie Erwähnung finden, denn sie ist zweifellos eines der bekanntesten und geschichtsträchtigsten Sehenswürdigkeiten, die Paris zu bieten hat.

Notre- Dame gehört zum Unesco Weltkulturerbe. Ihre Geschichte reicht zurück bis ins Jahr 1163, als der Bau begann. Bischof de Sully entschied, dass man auf der Seine-Insel, auf den Tempelruinen aus römischer Zeit, eine Kathedrale erbauen sollte, die der Jungfrau Maria geweiht sein sollte.

Sie gilt als eine der frühsten gotischen Kirchen in Frankreich.

Über knapp 200 Jahre hinweg wurde die Kathedrale mit ihren gewaltigen Dimensionen in vier Bauphasen erbaut. Das Kirchenschiff ist 130 Meter lang, 48 Meter breit und 35 Meter hoch. Bis zu 10.000 Menschen können hier Platz finden.

Die beiden Türme bestehen aus Naturstein und sind 69 Meter hoch. Der hölzerne Dachreiter ist 93 Meter hoch.

Die letzte der Bauphasen war 1250 offiziell abgeschlossen. In der Zwischenzeit hatten nicht nur Könige und Bischöfe gewechselt, sondern auch der Baustil. Aus diesem Grund kann man noch heute eine Kombination aus den Baustilen der Romantik und der Gotik bewundern.

Zu den letzten Ausbauten des Querschiffes kam es in der Mitte des 14. Jahrhunderts. Das alte Querschiff wurde fast vollständig abgebrochen und im gotischen Stil wiederaufgebaut.

Zu weiteren Renovierungen, Neuerungen, aber auch zu großer Zerstörung kam es in der Zeit der Aufklärung. In Folge der Französischen Revolution gingen viele Kunstwerke verloren oder wurden zerstört. Notre-Dame wurde entweiht und als Weinlager benutzt.

1802 erlaubte Napoleon wieder die liturgische Nutzung der Kathedrale. Er krönte sich zwei Jahre später in Notre- Dame und verlieh ihr damit wieder größere Bedeutung, doch der bis dahin stattgefundene Verfall war deutlich sichtbar und nicht mehr aufzuhalten.

Erst ein Roman brachte Notre- Dame mit ihrer ganzen Schönheit wieder zurück in das Bewusstsein der Franzosen. 1831 erschien Victor Hugos Roman "Der Glöckner von Notre- Dame. Dieser führte 1844 zu der Entscheidung für eine umfassende Renovierung der Kathedrale.

Es wurden fehlende oder beschädigte Skulpturen, die Chimären, die berühmten Wasserspeier auf der Turmgalerie ersetzt, bzw. hinzugefügt, und ein neuer, einem Dachreiter ähnelndem, Vierungsturm errichtet.

Diese Renovierung fand erst 20 Jahre später ihren Abschluss

Bis auf eine Reinigung des Westwerks 1990 blieben dies die letzten Renovierungsarbeiten.

Luftverschmutzung und der Zahn haben Notre-Dame aber in den folgenden Jahren weiterhin schwer zugesetzt, so dass eine Großrestaurierung für die Jahre 2019 bis 2022 geplant war.

Am 15.April 2019 kam es dann aber zu einem Großbrand, der weite Teile des Eichenholzdachstuhls verbrannte und den hölzernen Vierungsturm zum Einsturz brachte. Das Gewölbe des Hautschiffes wurde an zwei Stellen durchbrochen.

Der Großbrand konnte erst am frühen Morgen des 16. Aprils unter Kontrolle gebracht werden.

Das Gebäude erlitt zwar schwere Schäden, aber die zahlreichen Kunstschätze und Reliquien konnten in Sicherheit gebracht werden.

Die wichtigste Reliquie der katholischen Christenheit, die Dornenkrone, die Jesus bei seiner Kreuzigung getragen haben soll, konnte aus der Kathedrale geborgen werden. Des Weiteren konnten auch ein Stück des Kreuzes und ein Nagel gerettet werden.

Die große Orgel, deren Ursprünge bis ins 15.Jahrhundert zurückreicht und die das wichtigste Instrument des Gotteshauses ist, konnte jedoch nicht vor der Zerstörung bewahrt werden. Sie ist zwar nicht verbrannt, aber von Schutt, Staub und Wasser bedeckt und damit schwer beschädigt.

Vermutlich wird erst im Laufe der Zeit und während der Renovierung ersichtlich werden, wie groß die Schäden tatsächlich sind.

Selbstverständlich ist es im Moment nicht möglich Notre-Dame zu besichtigen.

Diese   genauer   vorgestellten

Sehenswürdigkeiten stellen nur einen kleinen Teil der Attraktionen von Paris dar. Das Angebot ist riesig und vielfältig, aber diese drei Orte sollten für jeden Paris Besucher ein "must do" darstellen. Sie vermitteln unvergessliche Eindrücke, die noch lange nach der eigentlichen Reise anhalten.

Übernachten in der Stadt der Liebe

Die Sehenswürdigkeiten sind über ganz Paris verteilt, so dass sich die Frage stellt, wo man am besten übernachten kann.

Als idealer Bereich gelten die Bezirke eins bis neun. Diese liegen sehr zentral und verfügen über die beste Metroanbindung.

Generell lässt sich aber sagen, dass man mit der Metro in maximal 30 Minuten jeden Ort in Paris erreichen kann, wenn man sich in der Nähe einer U-Bahnstation befindet.

Bei der Zimmerauswahl sollte man also mehr auf die Qualität achten, als auf die Lage.

In Paris gibt es an jeder Ecke Unterkünfte, die in ihrer Qualität aber sehr variieren können. Bei der Auswahl sollte unbedingt auf die Bewertungen geachtet werden, denn die Anzahl der Sterne ist nicht zwingend ein aussagekräftiges Kriterium.

Wichtig ist es auch, sich im Vorfeld zu überlegen, was man von der Gegend, in der das Hotel liegt, erwartet.

Die Pariser Stadtviertel sind durch verschiedene Einflüsse geprägt und haben so alle ihre Vor- und Nachteile.

Eine große Auswahl an Zimmern findet man in der Preiskategorie zwischen 100 und 300 Euro pro Nacht. Auch noch weit über Paris hinaus sind diese Preise normal. So sollte man sich überlegen, ob es sich lohnt für nur einige Euros weniger einen längeren Anreiseweg zu den Sehenswürdigkeiten in Kauf zu nehmen.

Zur Zimmergröße lässt sich sagen, dass die meisten Zimmer recht klein sind. Der Wohnraum in Paris ist knapp und dies hat Auswirkungen auf die Hotelzimmer. Mehr als ein Bett und ein Schrank ist oft nicht vorzufinden.

Generell können für den ersten Besuch in Paris, je nach Budget, die Stadtteile Notre-Dame, Saint Michel, Champs Elysées und Umgebung empfohlen werden.

Wer es gerne etwas künstlerischer mag, aber trotzdem nicht auf ein vielfältiges Nachtleben verzichten möchte, wird sich in Montmartre wohlfühlen.

Für diejenigen, die mit dem Auto anreisen, ist der nördliche Stadtrand am besten geeignet.

Restauranttipps

Paris ist nicht nur bekannt für seine großen Attraktionen, sondern zweifellos auch wegen seiner Restaurants und dem hohen Stellenwert des Essens.

Kein Wunder also, dass es in der Stadt unzählige Bistros und Restaurants gibt. Da fällt die Wahl nicht leicht. Wenn man schon in Paris ist, möchte man sicher typisch französisch essen. Dabei kommen einem natürlich sofort Schnecken und Froschschenkel in den Sinn, doch es geht weit darüber hinaus.

Ratatouille zählt als ein Klassiker. Dieser Gemüseeintopf kann sowohl warm, als auch kalt gegessen werden.

Wohl jeder kennt die Bouillabaisse. Für dieses Gericht werden sieben unterschiedliche Fischsorten verwendet. Obwohl sie oft als Fischsuppe bezeichnet wird, stimmt das so nicht. Die Fische und Meeresfrüchte werden nämlich getrennt von der Brühe serviert.

Aber nicht nur deftiges ist sehr bekannt, zu den wahrscheinlich bekanntesten Desserts zählen Creme brûlée, Macarons und Crêpes.

Letztere werden nicht nur als Nachspeise gerne gegessen. Auch mit deftigen Lebensmitteln wie beispielsweise Käse oder Salami sind sie ein begehrter Snack für Zwischendurch.

Bei der Vielzahl von Restaurants ist es nicht einfach, ein wirklich gutes zu finden. Erfahrungsgemäß findet man diese eher abseits der großen Touristenanstürme. Hier werden die Gäste nicht im Akkord durchgeschleift, sondern noch mehr zuvorkommend und individuell bedient.

Eine große Speisekarte ist nicht immer ein Zeichen für ein gutes Restaurant. Oftmals ist es genau das Gegenteil. Restaurants mit einer eher kleinen Speisekarte sind empfehlenswerter, da hier die

Speisen häufig frisch zubereitet werden und dadurch natürlich qualitativ hochwertiger sind.

Wie überall in dieser wunderbaren Stadt, lässt sich auch bei den Restaurants für jeden Geschmack und jedes Budget etwas passendes finden.

Für einen Restaurantbesuch gibt es allerdings noch einige wichtige Verhaltensregeln. So wird es als unhöflich angesehen, wenn man ein Restaurant betritt und von alleine auf den nächst besten freien Platz zusteuert. Es ist Sitte darauf zu warten, von einem Kellner platziert zu werden.

Um das Geben von Trinkgeld renken sich viele Gerüchte. In Frankreich ist in den Rechnungen von Cafés und Restaurants immer bereits eine Service-pauschale von 15% enthalten. Trinkgeld geben ist trotzdem erlaubt und wird gerne gesehen, doch anders als in Deutschland sollte der Rechnungsbetrag nicht einfach aufgerundet werden.

Zuerst wird der genaue Rechnungsbetrag gezahlt und erst beim Verlassen der Lokalität wird das Trinkgeld einfach auf dem Tisch liegen gelassen.

Die Höhe des gegebenen Trinkgeldes richtet sich natürlich nach der eigenen Zufriedenheit. 10% des Rechnungsbetrages kann aber als Richtwert gesehen werden.

Essen ist in Frankreich nicht einfach nur Essen. Es ist Genuss. Das sollte bei einem Restaurantbesuch beherzigt werden. Für einen typisch französischen Restaurantbesuch sollte man sich Zeit nehmen und genießen.

YVONNE BLUMENBERG

Abseits des großen Tourismus

D ie bedeuteten Sehenswürdigkeiten Paris sind wohl allen bekannt, aber auch abseits des großen Tourismus gibt es Orte, die durchaus einen Besuch wert sind.

ATELIER DES LUMIERES

Dazu zählt das "Atelier des Lumieres". Die im 19. Jahrhundert errichtete ehemalige Gießerei liegt im elften Bezirk und ist ein Zentrum für digitale Kunst. Über die zehn Meter hohen Wände wandern zur Musik nacheinander Kunstwerke aus verschiedenen Epochen. Die Kombination aus altem Industriecharme und moderner Projektionskunst schafft eine unvergleichliche Atmosphäre.

Nach einer Stunde wiederholen sich die Projektionen, bleiben und genießen kann man aber so lange man möchte.

Geöffnet ist das Atelier von Montag bis Donnerstag in der Zeit von 10 Uhr bis 18 Uhr. Freitags und samstags kann man die Ausstellung bis 22 Uhr besuchen.

Erreichbar ist die ehemalige Eisengießerei mit der Metro über die Station Rue Saint-Maur.

Der Eintrittspreis im Normaltarif beträgt 14,50€.

MARCHE DES ENFANTS ROUGE

Von Touristen häufig übersehen wird der "Marche des enfants rouge", der in einer kleinen Seitenstraße des Mariais- Viertels liegt.

Dieser überdachte Markt existiert bereits seit 1615 und ist somit einer der ältesten Märkte von Paris.

Neben einer Vielzahl von Essensständen aus aller Welt findet vormittags ein Kulturprogramm statt, das besonders für Eltern mit Kindern geeignet ist.

Durch Achterbahnen, Hochseilklettern, Spiegelkabinett und einen Streichelzoo entsteht hier eine einmalige Mischung aus traditionellen und modernen Jahrmarktsständen.

Hier kann man stundenlang verweilen und entdeckt doch immer wieder etwas Neues.

Am besten erreicht man den Markt mit der Metro Nummer 8. Man fährt bis zur Haltestelle Filles du Calvaire, von dort aus ist es nur noch ein kurzer Fußweg.

Dienstags bis samstags ist ein Besuch in der Zeit von 8.30 Uhr bis 19.30 Uhr möglich, sonntags schließt der Markt bereits um 14Uhr.

Der Eintritt zum Markt ist kostenlos. Für die

verschiedenen Attraktionen fallen unterschiedliche Kosten an.

SQUARE DU VERT- GALANT

Wer nach all dem Trouble ein wenig Ruhe sucht, wird sich, vor allem bei schönem Wetter, am "Square du Vert-Galant" wohlfühlen.

Obwohl sich dieser Park im Zentrum der Hauptstadt befindet, bietet er Ruhe, Entspannung und eine beeindruckende Fauna und Flora. Errichtet wurde diese Oase in Mitten der Stadt zu Ehren von Heinrich IV.

Unter alten Weidenbäumen kann man mit Blick auf die Seine wunderbar entspannen und die bisher gewonnenen Eindrücke von Paris auf sich wirken lassen.

Besonders im Sommer oder den warmen Monaten lädt dieser Ort zu einem Picknick ein.

Besuchen kann man den "Sqare du Vert- Galant" zu jeder Zeit völlig kostenlos.

Mit der Metro Nummer 7 ist der Park am besten erreichbar. Man fährt bis zur Haltestelle Pont neuf und geht von da aus noch einige Meter zu Fuß.

Paris hat noch viele solcher Orte zu bieten, die nicht unbedingt in jedem Reiseführer auftauchen, doch trotzdem sehenswert sind.

Wer die Augen offen hält, wird bald sein ganz persönliches Parishighlight entdecken.

Flug, Zug, Auto? - Anreise nach Paris

Als Hauptstadt Frankreichs ist es natürlich möglich auf unterschiedliche Weise nach Paris zu reisen.

MIT DEM AUTO NACH PARIS

Die wohl am wenigsten geeignete Möglichkeit ist die Anreise mit dem Auto. Nicht zu Unrecht verbindet man Paris mit Stau und Verkehrschaos. Nicht nur zu den Stoßzeiten sind die Straßen in und um Paris häufig völlig verstopft. Die Pariser sind nicht gerade für ihre Zurückhaltung im Straßenverkehr bekannt und so setzt man sich und sein Auto unter Umständen der Gefahr aus, nicht unbeschadet am Ziel anzukommen.

Zudem dauert eine Fahrt mit dem Auto oft sehr lange, es sei denn, man wohnt nahe an der französischen Grenze. Zu der recht langen Reisezeit kommen auch noch zusätzliche Kosten, denn auf den Autobahnen fallen Mautgebühren an, die man bei den Reisekosten von Beginn an einkalkulieren muss.

Ein weiteres Problem, vor dem man steht, wenn man mit dem Auto nach Paris reist, ist die Parkplatzsituation. In Paris sind Parkplätze rar und so gut wie alle sind gebührenpflichtig. Schon bei der Auswahl des Hotels sollte man darauf achten, dass die Unterkunft über einen eigenen Parkplatz verfügt, den man als Besucher benutzen kann.

Bei all den Nachteilen bietet die Anreise mit dem PKW aber auch Vorteile. Man ist sehr flexibel, muss sich nicht nach den Fahrplänen der Metro richten und kann auch das Pariser Umfeld erkunden.

Außerhalb von Paris befinden sich Ziele, die es durchaus wert sind, besucht zu werden.

Ausflüge nach Disneyland oder zum Schloss Versailles sind mit dem eigenen Auto leichter umsetzbar.

ANREISE MIT DEM ZUG

Alternativ ist die Anreise mit dem Zug. Inzwischen gibt es von vielen Städten Deutschlands aus direkte Verbindungen nach Paris.

In circa vier Stunden erreicht man von beispielsweise Frankfurt, Köln oder München Paris bequem ohne Umstieg.

Mit ungefähr 300 km pro Stunde verbinden Hochgeschwindigkeitszüge wie der TGV, ICE oder Thalys die Städte miteinander.

Paris besitzt sechs große Kopfbahnhöfe, kommt man aus Deutschland, ist der Zielbahnhof entweder der Gare du Nord oder der Gare de l'Est.

Der Gare du Nord befindet sich unweit von Sacre-Cœur unterhalb des Pigalle-Viertels. Die Weiterreise ist von hieraus kein Problem, denn es besteht eine sehr gute Verbindung mit den öffentlichen Verkehrsmitteln, wie Metro, Regionalbahnen und Bussen.

Der Ostbahnhof, Gare de l'Est, ist der fünft größte

Bahnhof von Paris. Rund 34 Mio. Passagiere pro Jahr reisen über diesen Bahnhof. Hier kommen seit 2007 die Hochgeschwindigkeitszüge ICE und TGV an, die u.a. in Frankfurt oder München starten.

Die Verbindung mit öffentlichen Verkehrsmitteln ist auch von hieraus sehr gut.

Die Reisekosten schwanken.

Es gibt verschiedene Sparpreise und Angebote, es empfiehlt sich also, frühzeitig zu recherchieren und zu buchen, denn diese Spezialpreise sind immer nur limitiert verfügbar und an bestimmte Bedingungen geknüpft.

Zugreisen nach Paris zu Sonderpreisen findet man auf der Website des Thalyszuges.

Eine Sitzplatzreservierung ist im ICE und im TGV im Fahrpreis mitinbegriffen, was gerade für eine längere Fahrt von Vorteil ist.

Wer mit der ersten Klasse reist, bekommt ab einer Fahrzeit von mehr als einer Stunde sogar einen kleinen Snack an seinem Platz serviert.

Den Sparpreis Europa der Deutschen Bahn gibt es z.B. für die Strecke Frankfurt- Paris mit dem ICE oder dem TGV. Die Konditionen findet man auf der Website der Deutschen Bahn.

Obwohl die zusätzlichen Kosten für einen Flughafentransfer bei der Anreise mit der Bahn entfallen, kann es trotzdem recht teuer werden, wenn man nicht die Sonderangebote nutzen kann.

Die Anreise mit dem Zug ist wohl wesentlich entspannter als mit dem Auto, aber man ist immer auf die öffentlichen Verkehrsmittel in Paris angewiesen. Obwohl die Verbindungen wirklich sehr gut ausgebaut sind, ist man doch immer in einer Abhängigkeit von Fahrplänen und Zeiten, was man bei der Auswahl der Anreisemöglichkeit bedenken sollte.

MIT DEM FLUGZEUG ZUM FLUGHAFEN PARIS-CHARLES-DE-GAULLES

Am schnellsten gelangt man mit dem Flugzeug nach Paris. In weniger als zwei Stunden landet man auf einem der drei internationalen Flughäfen des Großraums Paris.

Wer von Deutschland aus fliegt, landet in der Regel auf dem zweitgrößten Flughafen Europas. Hier landen pro Jahr ca. 69 Millionen Passagiere.
Der Flughafen Paris-Charles-de-Gaulles ist nach dem

französischen General Charles de Gaulles benannt und seit 1974 in Betrieb. Damals galt dieser Flughafen als Innovation des modernen Flughafens, denn anders als bei den meisten Flughäfen in dieser Zeit, verfügte Paris-Charles-de Gaulles über Landebahnen, die parallel zueinander ausgerichtet waren.

Während die Start- und Landebahnen auf anderen Flughäfen für verschiedene Windrichtungen ausgelegt waren und sich so häufig gegenseitig blockierten, konnten sie auf dem neuen Flughafen gleichzeitig benutzt werden.

Heute ist dieser Flughafen das Drehkreuz für Air France und ein sehr wichtiger Wirtschaftsstandort der Ile-de-France.

Paris-Charles-de-Gaulles liegt ca. 25 Kilometer außerhalb des Zentrums, was einen Flughafentransfer nötig macht.

Am schnellsten geht es mit den Zügen der RER vom Flughafen ins Pariser Zentrum. Die Fahrzeit beträgt ungefähr 35 Minuten und kostet 10€ pro Person.

Durch die gute Beschilderung des Flughafens, ist es nicht schwer, sich zurechtzufinden. Um zu den Zügen zu gelangen, folgt man nach dem Verlassen des

Gepäckbereiches einfach den Schildern "Paris by Train" und gelangt so zu den Haltestellen.

Die Züge halten an allen RER-Stationen, von dort aus ist ein Weiterreisen mit der Metro bequem möglich.

Im Transferticket ist die Nutzung der Metro enthalten, so dass kein weiters Ticket gekauft werden muss.

In der Zeit von 5 Uhr bis 23 Uhr verkehren die Züge regelmäßig nach Paris.

Eine weitere Möglichkeit vom Flughafen nach Paris zu kommen sind die Roissybusse. Sie sind ein Flughafentransferservice der öffentlichen Verkehrsmittel Paris.

Ihre Fahrzeit beträgt ca. 75 Minuten zwischen dem Flughafen Paris-Charles-de- Gaulles und der Metrostation Opera.

Die Busse fahren alle 15- bis 20-Minuten. Die Kosten für ein Ticket, das an den Schaltern und Ticketautomaten der Metrostationen gekauft werden kann, betragen 11 €.

Auch zwei ganz normale Linienbusse ermöglichen den Transfer vom Flughafen nach Paris. Zwischen den Terminals 2A-B-C-D und der Station

Gare de l'Est verkehrt der Bus 350 in etwa alle 30 Minuten.

Ebenfalls an den Terminals 2A-B-C-D hält der Bus 351, dieser fährt bis zur Metrostation Nation.

Der Fahrpreis beträgt hier 6€ und die Fahrzeit nimmt in etwa 70 Minuten in Anspruch.

Für einen Festpreis von 55 €, der von der Stadt festgelegt wurde, kann man auch mit dem Taxi vom Flughafen in die Pariser Innenstadt gelangen.

Vor allem wenn man mit mehreren Personen reist, ist dies eine gute Alternative zu den anderen genannten Transfermöglichkeiten.

Kommt man gut durch den Verkehr, beträgt die Fahrzeit um die 35 Minuten.

Taxistationen gibt es an allen Terminalausgängen.

Der Vorteil einer Fahrt mit dem Taxi ist nicht nur, dass man direkt vor der gewünschten Adresse abgesetzt wird, sondern auch, dass die Taxis rund um die Uhr bereitstehen und man sich so nicht nach Fahrplänen richten muss.

Zu den Flugpreisen lässt sich nichts Genaues sagen, da die Auswahlmöglichkeiten sehr groß sind. Von Billigflieger bis First-class gibt es viele

Angebote, unter denen man je nach Geschmack und Budget wählen kann.

Das nötige Kleingeld

P aris ist nicht nur eine große und berühmte Stadt, sie ist auch eine recht teure Stadt.

Der Preis für eine Übernachtung alleine schwankt zwischen 100 € und 300 €, rechnet man nun die Kosten für die Anreise, das Metroticket, Verpflegung und die Eintrittspreise der ausgewählten Sehenswürdigkeiten dazu, ergibt sich schnell eine relativ hohe Summe, die einem zur Verfügung stehen sollte.

Da die Ausgaben je nach Anreisevariante,

Aufenthaltsdauer, Anspruch an die Unterkunft und Auswahl der Aktivitäten sehr verschieden sein können, lässt sich hier keine genaue Summe benennen.

Es ist ratsam, sich vorher auf den zahlreichen Internetseiten zu informieren. Verschiedene Anbieter bieten Städtereise an, in denen u.a. die Eintrittspreise für bestimmte Sehenswürdigkeiten und die Metrokarte schon enthalten sind.

Bei der Anreise mit der Bahn ist es möglich, mit einem Sparangebot zu reisen, allerdings muss man hierzu frühzeitig buchen, da es immer nur ein gewisses Kontingent an Spartickets gibt.

Entscheidet man sich für die Anreise mit dem Flugzeug, gibt es auch hier Billigflieger oder Angebote von Städtereisen, wo der Flug und der Transfer bereits mit eingerechnet sind.

Durch rechtzeitige Recherche, frühe Buchungen und Nutzung von Kombinationstickets und Angeboten, lässt sich hier und da noch etwas sparen.

Generell gilt für Paris immer etwas mehr Geld einzuplanen. An jeder Ecke locken Cafés, Restaurants, Souveniershops oder Sehenswürdigkeiten, die man vorher nicht eingeplant hat.

Erlebnisse, die in Erinnerung bleiben

Wer einmal in Paris war, wird die gewonnenen Eindrücke nie wieder vergessen. In den Tourismus- Statistiken erscheint Frankreich als das meist besuchte Land der Erde.

Im Laufe der Jahrhunderte ist Paris zu einer Stadt geworden, deren Einfluss sich auf ganz Europa und auf die ganze Welt ausgebreitet hat.

Paris hat ungefähr 160 Museen, ca. 200 Kunstgalerien, viele sehenswerte kirchliche und weltliche

Bauwerke und mehr als 10.000 Restaurants zu bieten. Das kulturelle Angebot von Konzerten, Ausstellungen und Modenschauen ist vielfältig.

Diese Stadt verzaubert durch ihre vielen Gesichter. So ist für jeden etwas dabei. Wer sich mit der Geschichte intensiver beschäftigen möchte, wird genauso viel zu entdecken haben, wie derjenige, der sich in das Pariser Nachtleben stürzen möchte.

Egal ob der Blick vom Eifelturm über Paris, die Mona- Lisa mit eigenen Augen gesehen zu haben oder ein Picknick an der Seine – diese Momente werden noch lange nach Ihrem Aufenthalt in Paris in Ihnen nachklingen.

\#

Herstellung und Verlag:

BoD – Books on Demand, Norderstedt

ISBN: 9783750497702

1. Auflage

Kontakt: Psiana eCom UG/ Berumer Str. 44/ 26844 Jemgum

Covergestaltung: Fenna Larsson

Coverfoto: depositphotos.com

FSC
www.fsc.org

MIX

Papier aus ver-
antwortungsvollen
Quellen
Paper from
responsible sources

FSC® C105338